Timmi TOBBSON

RÄTSELABENTEUER JUNIOR

DAS HAUS MIT DEM IRRGARTEN

Hier ist Platz für dein Erfolgsabzeichen Nr. 2! Mehr dazu erfährst du auf Seite 73.

RÄTSEL GELÖST!

Published in the English language originally under the title: A Family Secret

© 2020, freshamedia GmbH, Dreieich
ISBN 978-3-96326-770-3
Texte: Brooke Vitale und Jens I. Wagner
Illustrationen: Javier G. Ratti

Copyright der deutschen Ausgabe:
© Ullmann Medien GmbH, 2021
Übersetzung: David Rybar
Lektorat: Anke Hennek
Satz: Yvonne Schmitz
Gesamtherstellung: Ullmann Medien GmbH, Rolandsecker Weg 30, 53619 Rheinbreitbach

ISBN 978-3-7415-2563-6

10 9 8 7 6 5 4 3 2 1
www.ullmannmedien.com

Hi! Ich bin Timmi.

Ich bin nicht der selbstbewussteste Junge.

Oder der sportlichste. Oder super in irgendwas.

Aber ich bin neugierig. Und das ist was wert.

Das ist Lilli.

Sie kann echt stur sein. Und frech. Aber vor

allem ist sie der tapferste Mensch, den ich

kenne. Sie würde alles tun, um dir zu helfen.

Das ist Marvin.

Er liebt Tiere. Wenn er sich freut, hüpft er auf

und ab. Und klatscht. Das sieht komisch aus,

aber ihm scheint das nichts auszumachen.

Young Explorers (Junge Entdecker)

So heißt unser kleiner Club. Wir wollen anderen

helfen und Erfahrung sammeln, um immer

bessere Detektive und Abenteurer zu werden.

Pssst: Hier verbirgt sich ein Geheimnis. Die sieben Ausschnitte rechts verstecken sich auf den folgenden Seiten! Finde sie und schreibe die Seitenzahlen in die Kreise darunter. Gehe dann auf timmitobbson.com, suche den Geheimbereich und gib die Zahlen als Code ein – eine Überraschung erwartet dich!

Backalley Eins

Ein *echter* geheimer Club für Abenteurer
und Detektive, die große Geheimnisse lüften.
Noch sind wir zu jung, um richtig mitzuhelfen.

Das ist Boris.

Er ist Chef von Backalley Eins und hat uns als
„Ausbildungs-Anwärter" akzeptiert. Er sagte,
wir hören von ihm, wenn wir so weit sind.
Warum dauert das so lange?

Das ist Tom.

Unglaublich – mein älterer Bruder ist schon
ein richtiges Mitglied von Backalley Eins!
Er arbeitet mit Boris zusammen.
Warum hatte ich das vorher nie bemerkt?

Dies ist die Geschichte unseres ersten

Abenteuers als die **Young Explorers**.

Gesucht:

Gefunden
auf Seite:

DAS HAUS MIT DEM IRRGARTEN

WISSEN
FÜR ENTDECKER

HANDBUCH
FÜR DETEKTIVE

ETWAS FEHLT

Früh am Morgen machte ich mich auf den Weg zur Schule. Der Himmel war blau. Vögel sangen. Es würde ein schöner Tag werden. Das dachte ich zumindest. Vor der Schule sah ich Lilli und Marvin. Sie lasen eine Zeitung. „Timmi!", rief Marvin. „Komm schnell!"

„Was gibt's?", fragte ich.

„Irgendjemand klaut Schmuck ... mitten auf der Straße, am hellichten Tag. Zwanzig Diebstähle gab es allein gestern!"

„An nur einem Tag?", fragte ich. „Und die Polizei hat keine Spur?"

„Nein", sagte Lilli. „Niemand hat den Dieb gesehen. Hier steht, er sei *unsichtbar*."

„Das könnte ein Fall für unseren Club sein", meinte Marvin. „Der Dieb ist angeblich unsichtbar. Ein absolutes Rätsel! Das ist perfekt!"

„Ja, stimmt", sagte ich. „Wenn wir diesen Fall lösen, zeigen wir allen, dass die Young Explorers richtig gut sind!"

Lilli deutete auf mein T-Shirt. „Hier gibt es noch ein Rätsel. Was ist denn da passiert?"

„Oh nein", sagte ich, als ich den riesigen Fleck sah. „Ich war vorhin noch im Park."

„Und hast im Matsch gespielt?", fragte sie.

„Ich bin in einer Pfütze ausgerutscht und hingefallen", erwiderte ich.

„Egal. Habt ihr alles für die Schule dabei?", fragte ich und versuchte, von meinem T-Shirt abzulenken. Heute war Familientag in der Schule. Jeder sollte etwas mitbringen, das für seine Familie wichtig war.

Lilli nickte. „Ich habe Opas Uhr."

„Ich habe unseren Familienstammbaum dabei", meinte Marvin. „Und was hast du?"

„Eine Halskette. Unsere Familie besitzt sie seit Jahrhunderten", sagte ich. „Auf diesem alten Foto trägt sie meine Oma!"

Lilli betrachtete das Foto.

„Echt hübsch. Hast du die Kette mit?", fragte sie.

Ich nickte und suchte in meinem Rucksack.

Da war aber nichts. Die Kette war weg!

„Wenn das jetzt der unsichtbare Dieb war!",

rief Marvin mit großen Augen.

„Sie muss im Park rausgefallen sein!", sagte

ich mit zitternder Stimme. „Als ich hinfiel."

„Oder", sagte Marvin, „der Dieb hat sie!"

Lilli boxte Marvin an die Schulter.

„Keine Sorge, Timmi. Wir finden sie",
meinte sie. Wir rannten zurück in den Park.

„Wo bist du ausgerutscht?", fragte Marvin.

„Im Matsch bei irgendeiner Bank", sagte ich.

Ich konnte meinen Herzschlag spüren. Hier

gab es so viele Bänke!

„Da war ein kleines Schild auf der Lehne der Bank", erinnerte ich mich. „Und sie stand neben einem Mülleimer."

„Gut", meinte Lilli. „Was weißt du noch?"

„Dass meine Mama tierisch sauer auf mich sein wird", sagte ich nervös.

„Das ist nicht hilfreich", entgegnete Lilli.

„Hinter der Bank standen zwei hohe Bäume", sagte ich und sah mich um.

„Ich sehe zwei Bänke, die zu deiner Beschreibung passen", stellte Lilli fest.

„Ich weiß, welche es ist", sagte Marvin.

Jedes Rätsel wird zu Beginn des darauf folgenden Kapitels aufgelöst.
Auf Seite 96 findest du Lösungstipps.

Bei welcher Bank ist Timmi ausgerutscht?

EIN BISSCHEN PECH

Marvin rannte zu der Bank in der linken oberen Parkecke. „Diese ist es!"

„Woher weißt du, dass es nicht die da drüben ist?", fragte Lilli. „Die passt ebenso gut zu Timmis Beschreibung."

„Stimmt", sagte Marvin. „Aber die hier ist

die einzige mit einer Matschpfütze davor.

Timmi ist doch in eine reingefallen!"

„Er hat recht", meinte ich. „Hier war es."

„Dann muss die Halskette hier sein!",

sagte Lilli und kniete sich hin.

Plötzlich sah ich unter der Bank etwas

schimmern. Ich streckte hoffnungsvoll

die Hand aus. Es musste die Kette sein!

Aber es war nur ein Bonbonpapierchen.

Enttäuscht zog ich den Kopf wieder unter

der Bank hervor.

Aber anscheinend nicht weit genug.

„Au!", sagte ich, als ich mir den Kopf stieß.

„Alles okay?", fragte Lilli. „Das klang

schmerzhaft."

Ich fasste an die Stelle. Es tat weh,

ging aber.

Dann fing ich an zu lachen.

„Was ist so komisch?", fragte Lilli.

„Meine Oma", sagte ich.

Lilli und Marvin sahen einander an.

„Ich kann dir nicht folgen", sagte Marvin.

„Sie nennt sie ihre Glückskette", meinte ich.

„Meine Oma hat mal gesagt, dass es der Familie Unglück bringt, wenn die Kette nicht da ist. Wäre Oma jetzt hier, würde sie genau das sagen. Sie würde mir erklären, dass ich mir den Kopf wegen der verlorenen Kette gestoßen habe."

„Ein richtiger Glücksbringer!", staunte Lilli.

„Und glaubst du, das stimmt?"

„Nein", meinte ich. „Ich liebe meine Oma,

aber Glück? Oder Pech? Das gibt's nicht

wirklich. Ich habe mir den Kopf gestoßen,

weil ich unvorsichtig war."

„Also ich weiß nicht", sagte Marvin.

„Deine Oma ist 91 Jahre alt. Sie scheint

schon irgendwie Glück zu haben."

Plötzlich hörten wir einen Schrei.

„Hilfe!", rief eine Frau. „Jemand hat

meinen zweiten Armreif gestohlen!"

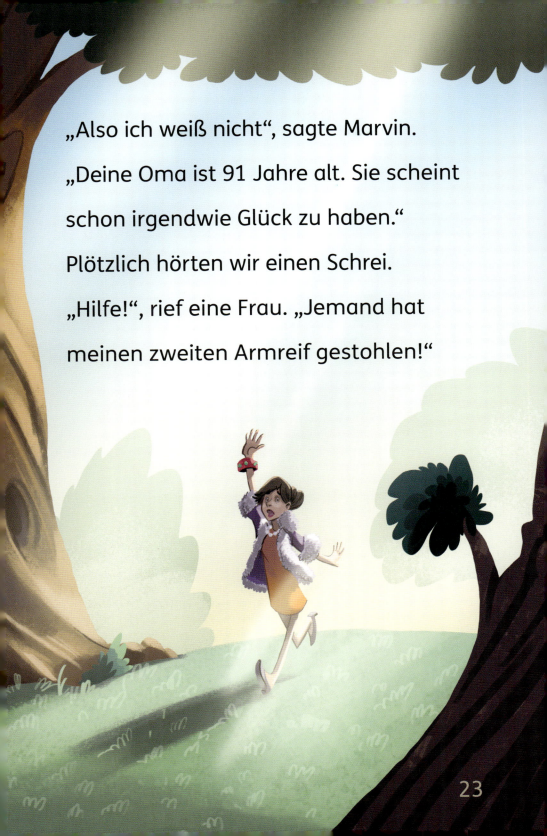

Lilli versuchte, die Frau zu beruhigen.

„Vielleicht können wir Ihnen helfen.

Haben Sie den Dieb gesehen?"

„Ich spürte etwas an meinem Arm, drehte

mich um, aber da war niemand", sagte sie.

„Der unsichtbare Dieb!", rief Marvin.

„Wie sah der Armreif denn aus?", fragte Lilli.

„So wie mein anderer: rubinrot mit drei

großen grünen Steinen", beschrieb sie.

„Solche Armreifen trägt zurzeit jeder."

Wir zuckten mit den Schultern.

„Schaut mal da rüber", sagte die Frau.

„Wow, das stimmt", sagte Lilli mit Blick

auf die Einkaufsstraße hinter dem Park.

„Die meisten haben unechte Steine. Aber

meine waren echt – und wertvoll!"

„Da! Ich sehe Ihren Armreif!", rief ich.

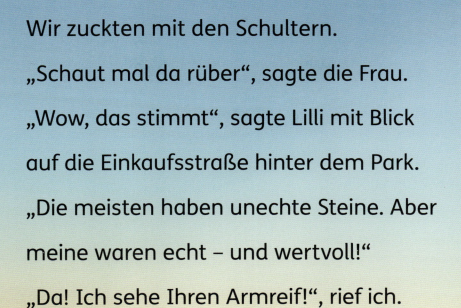

Entdeckst du den Armreif
mit den grünen Steinen?

Schmuck am Park

DIE VERFOLGUNG

„Sehen Sie! Über der Bushaltestelle!", rief ich.

„Die Taube! Sie hat einen Armreif mit

grünen Steinen!"

„Das ist doch ein Witz", sagte Lilli.

„Tauben kann man dressieren", erklärte

Marvin. „Schnell, sonst verlieren wir sie!"

Lilli, Marvin und ich rannten aus dem
Park. Wir wollten den Vogel nicht aus
den Augen lassen. Aber nach einigen
Minuten passierte es dann doch.
„Wo ist er hin?", schnaufte ich.
Wir suchten den Himmel ab.

„Da!", rief Lilli plötzlich. Da war er.

Der Vogel landete auf dem Dach eines

Hauses mit einer hohen Mauer.

„Wo sind wir hier?", fragte ich und nahm

etwas von meinem Asthma-Spray.

Lilli schüttelte den Kopf. „Keine Ahnung.

Irgendwo am Stadtrand."

„Hier war ich noch nie", sagte Marvin.

„Dieses Haus sieht unheimlich aus."

Ich nickte. „Hier wohnt bestimmt schon

lange niemand mehr."

Auf einmal schlug der Vogel wieder mit seinen Flügeln und verschwand in einem offenen Fenster.

„Habt ihr das gesehen?", fragte Lilli.

„Er ist da hineingeflogen!"

„Ich wette, der Vogel stielt Schmuck und liefert hier die Beute ab!", rief Marvin.

„Vögel liefern nichts ab", widersprach ich.

„Das kann man denen beibringen",

sagte er. „Kennst du das nicht von

Brieftauben?"

Ich kannte das nicht, aber ich glaubte

Marvin. Tief durchatmend, griff ich

nach einer Efeuranke, die an der Mauer

herabhing. „Gehen wir rein?", fragte ich.

Alle nickten und ich fing an zu klettern.

Ich war schon halb oben, als die Ranke

riss. Ich fiel zu Boden und schürfte mir

dabei mein Knie an den Backsteinen auf.

„Au!", entfuhr es mir wieder.

„Alles okay?", fragte Lilli zum zweiten

Mal an diesem Tag.

Ich nickte und unterdrückte die Tränen.

„Vielleicht stimmt das mit deinem Glücksbringer", meinte Marvin. „Sieh nur, was dir heute alles passiert ist: Du bist in den Matsch gefallen, hast dir den Kopf gestoßen und das Knie aufgeschürft." Ich schüttelte trotzig den Kopf. „Pech gibt es nicht! Versuchen wir's noch mal."

Wir kletterten wieder hoch. Dabei nutzten wir das Efeu und die Risse in der Mauer.

„Wow!", rief ich, als ich oben war.

„Was ist?", fragte Lilli.

Dann sah sie es. Auf der anderen Seite der Mauer waren Büsche, so weit das Auge reichte.

Lilli grinste. „Das ist ein Irrgarten! Wie cool! Worauf warten wir?"

 Kannst du den Weg zur Mitte des Irrgartens finden?

Der Startpunkt ist am unteren Rand.

NIEMAND ZU HAUSE

Als wir aus dem Irrgarten herauskamen, betrachteten wir das Haus aus der Nähe.

Es sah wirklich heruntergekommen aus.

„Als hätte man es vergessen", sagte ich.

Marvin presste sein Gesicht an ein Fenster.

„Sieht so aus, als wäre hier lange keiner mehr gewesen."

„Bis auf den Vogel. Und wenn er auch die Halskette meiner Oma geklaut und hierher gebracht hat?", fragte ich. „Es wird ihr das Herz brechen, wenn ich sie nicht wieder mitbringe. Ich muss da rein!"

Ich umfasste den Türknauf.

„Bist du dir sicher?", fragte Marvin.

Er wippte nervös auf und ab. „Wenn du vom Pech verfolgt bist, ist es vielleicht nicht die beste Idee, hier reinzugehen."

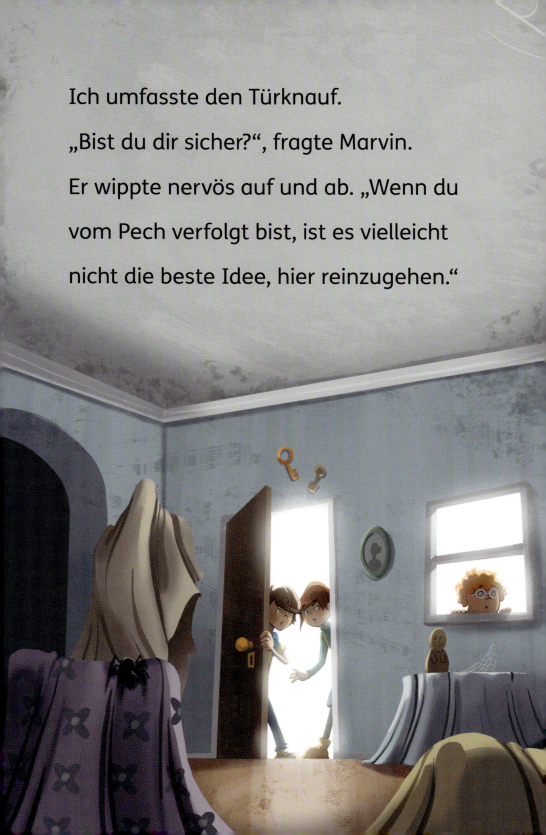

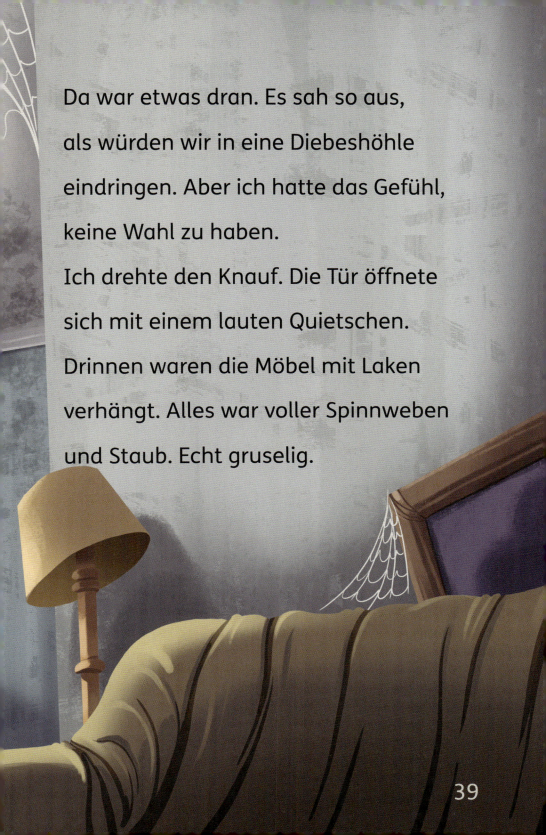

Da war etwas dran. Es sah so aus,
als würden wir in eine Diebeshöhle
eindringen. Aber ich hatte das Gefühl,
keine Wahl zu haben.

Ich drehte den Knauf. Die Tür öffnete
sich mit einem lauten Quietschen.
Drinnen waren die Möbel mit Laken
verhängt. Alles war voller Spinnweben
und Staub. Echt gruselig.

Wir schlichen vorsichtig durch das Haus und untersuchten Raum für Raum. In der Küche öffnete Marvin den Kühlschrank.

„Igitt!", flüsterte er und schloss ihn rasch wieder. Ein scheußlicher Geruch waberte durch den Raum.

„He, seht mal!", sagte ich und deutete auf den Boden. Dort sah man eine tiefe Furche. Sie hatte eine gebogene Form und begann bei einem Regal.

Langsam zog ich an dem Möbelstück. Es schwang zur Seite und gab den Durchgang zu einem dunklen, schmalen Korridor frei.

„Ein Geheimgang!", flüsterte ich.

„Ich wette, dieser Gang führt zu dem Versteck mit dem gestohlenen Schmuck", vermutete Marvin und klatschte lautlos in die Hände.

„Jungs, wartet!", sagte Lilli.

„Was ist denn?", fragte ich.

„Ich glaube, dass jemand gerade erst hier war. In dieser Küche. Kurz vor uns!", flüsterte sie beunruhigt.

Was hatte Lilli bemerkt?

DIE DIEBESHÖHLE

„Schaut mal", sagte Lilli. „Die Teekanne ist noch heiß. Da kommt Dampf raus. Wer auch immer hier war, er könnte jederzeit zurückkommen!"

Genau in diesem Moment hörten wir das laute Quietschen der Eingangstür.

„Hier rein", rief ich und winkte den anderen.

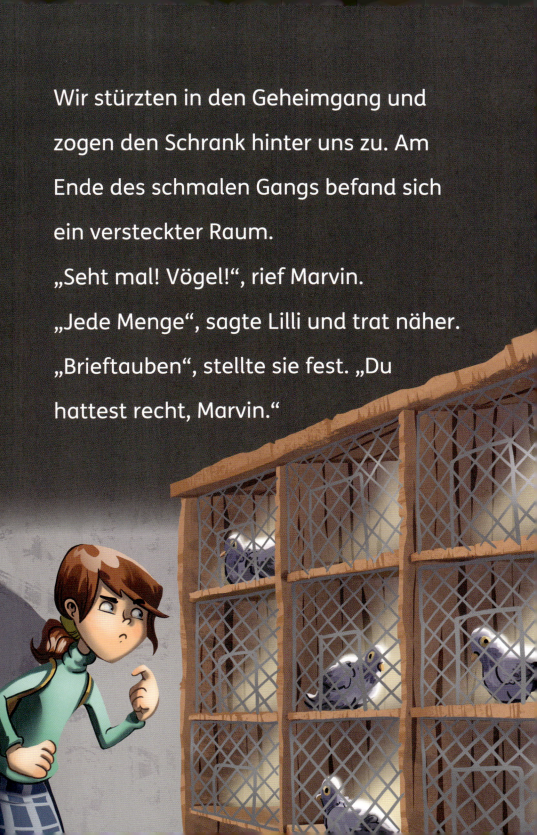

Wir stürzten in den Geheimgang und zogen den Schrank hinter uns zu. Am Ende des schmalen Gangs befand sich ein versteckter Raum.

„Seht mal! Vögel!", rief Marvin.

„Jede Menge", sagte Lilli und trat näher.

„Brieftauben", stellte sie fest. „Du hattest recht, Marvin."

PLASTIK

„Man dressiert Brieftauben, damit sie

Nachrichten überbringen", erläuterte

Marvin. „Die Vögel kehren immer nach

Hause zurück."

„Aber die hier bringen keine Nachrichten",

sagte ich, „sondern Juwelen!"

ECHT!!!

Lilli nickte. „So sieht's aus."

„Hier", rief Marvin. „Schaut euch das an!"

Er stand vor zwei Schmuckhaufen.

Da waren lauter Ringe, Ketten und

Armbänder. Aber die Halskette meiner

Oma war nirgends zu entdecken.

47

wir schauten in alle Käfige.

Der Armreif der Frau aus dem Park war leicht zu finden. Die Taube hatte ihn genau vor die Gittertür gelegt. Doch sonst fanden wir in keinem der Käfige Schmuck oder Ähnliches.

Allmählich schien mir Omas Behauptung doch richtig zu sein. Ohne ihre Kette passierten schlimme Sachen. Erst der Matsch. Dann mein Kopf und mein Knie. Und jetzt konnten wir die Halskette nicht finden. Dabei musste sie doch hier sein.

„Lass uns den Rest des Zimmers untersuchen", schlug Lilli vor.

„Nein, wir müssen hier raus", sagte ich zu meinen Freunden. „Der Dieb kann jede Sekunde zurückkommen. Er darf nicht merken, dass er entdeckt wurde."

„Er merkt es sowieso", sagte Lilli.

„Wir haben zu viel verändert. Wenn wir

das nicht rückgängig machen, weiß der

Dieb sofort, dass jemand hier war."

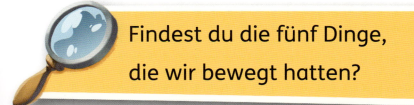

Findest du die fünf Dinge,
die wir bewegt hatten?

MARVIN, DER DETEKTIV

„Ich denke, wir haben etwas beim Buch,
Stift, Stuhl, Teppich und Werkzeug
verändert", sagte Lilli. „Lasst uns das
wieder rückgängig machen!"
Wie aus dem Nichts hörten wir Schritte

im Geheimgang.

„Schnell!", flüsterte ich. Wir kletterten

auf den Tisch und schoben das Fenster

auf. Gerade als wir nach draußen

kletterten, kam ein Mann ins Versteck.

Er blickte uns völlig entgeistert an.

„Rennt!", schrie ich.

Wir rasten durch den Irrgarten und

gelangten zurück auf die Straße.

„Das müssen wir der Polizei melden",

keuchte ich. Lilli und Marvin nickten.

Zusammen gingen wir zum Polizeirevier.

„Wie kann ich euch helfen?", fragte uns

dort ein Polizist.

„Wir waren heute im Park", sagte ich.

„Ein Vogel hat ein Armband gestohlen."

„Wir sind ihm bis zu einem alten Haus

gefolgt", fügte Lilli hinzu. „Und haben da

jede Menge Schmuck gefunden!"

„Und Brieftauben!", ergänzte Marvin.

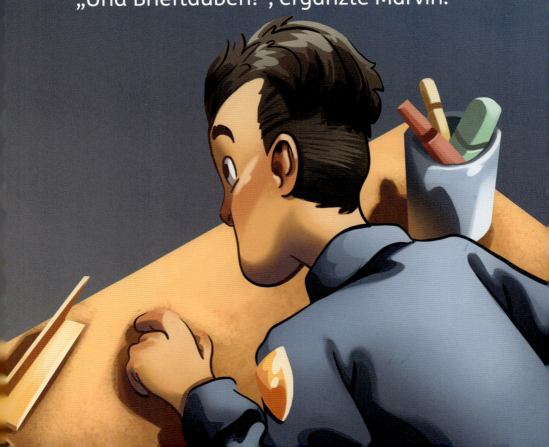

„Brieftauben", wiederholte der Polizist.

„Das ist ja was Neues. Würdet ihr das

Haus wiederfinden?"

Lilli, Marvin und ich nickten.

„Das sind gute Neuigkeiten", sagte er.

„Vielleicht habt ihr gerade das Rätsel um

den unsichtbaren Dieb gelöst!"

„Wir haben ihn sogar gesehen",

bekräftigte Marvin.

Der Polizist lächelte. „Wir haben ein paar

Verdächtige, aber keine Beweise.

Würdet ihr den Mann wiedererkennen?"

„Na klar", rief Marvin und hüpfte

klatschend auf und ab.

Der Polizist zeigte uns in einem anderen Zimmer ein paar Fotos.

„Diese Diebesbande nennt sich *Die neun Zwillinge*", erläuterte er. „Komischer Name, ich weiß. Der macht nicht wirklich Sinn. Aber die Bandenmitglieder sehen einander ziemlich ähnlich. Sie sind kürzlich in der Gegend gesehen worden."

„Es war bestimmt einer von ihnen", meinte Lilli. „Aber welcher?"

Marvin grinste. Er zeigte auf ein Foto.

„Das ist Ihr Mann", sagte er. „Der war's."

Auf welches Foto hat Marvin gezeigt?

GEFUNDEN

„Sein Gesicht werde ich nie vergessen",

sagte Marvin. „Er hatte zwei verschieden-

farbige Augen, eines braun, eines grün.

Und eine Narbe über der linken Braue."

Der Polizist lächelte. „Gut gemacht, Junge."

Marvin lächelte zurück. „Danke!"

„Jetzt zum Haus", fuhr der Polizist fort.

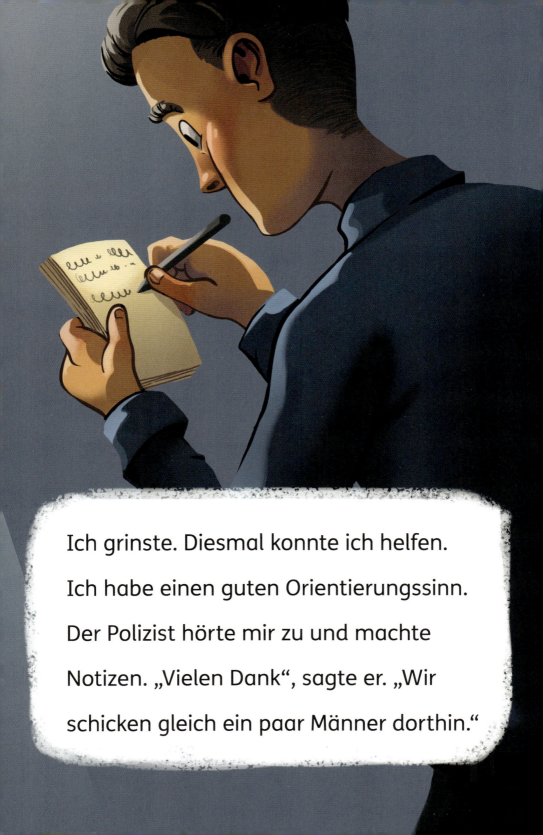

Ich grinste. Diesmal konnte ich helfen. Ich habe einen guten Orientierungssinn. Der Polizist hörte mir zu und machte Notizen. „Vielen Dank", sagte er. „Wir schicken gleich ein paar Männer dorthin."

„Gut, das war's", meinte ich ein paar Minuten später. „Wir haben den Fall gelöst, aber Omas Halskette ist immer noch weg. Ich muss es Mama beichten."
Marvin sagte: „Dann kommen wir mit. Schlechte Nachrichten überbringt man am besten zusammen mit Freunden."

„Ja, wir kommen mit dir", bekräftigte Lilli.

Als wir bei mir zu Hause ankamen, war

Mama im Wohnzimmer.

„Stimmt was nicht?", fragte sie, als sie

unsere zerknirschten Gesichter sah.

Lilli, die neben mir saß, legte ihre Hand auf

meine Schulter. Es musste jetzt raus.

„Es geht um Omas Halskette", sagte ich.
„Sie ist weg. Sie muss mir aus dem
Rucksack gefallen sein. Es tut mir so leid,
Mama. Wir haben überall gesucht.
Wer weiß, welches Unglück uns ohne die
Kette als Glücksbringer treffen wird."
Mama blickte erst verwundert drein.

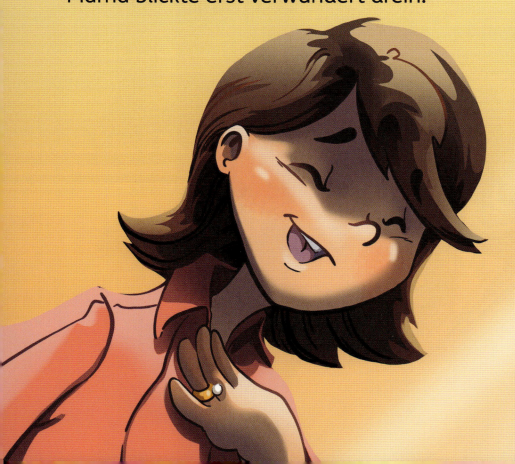

Dann lächelte sie. „Timmi, Omas Kette ist nicht der Grund dafür, dass wir Glück oder Pech haben."

„Aber Oma hat doch gesagt ...", sagte ich.

Mama schüttelte den Kopf. „Sie hat sich das ausgedacht. Weil du früher immer gefragt hast, warum sie die Kette trägt."

„Außerdem hast du sie nicht verloren", meinte Mama. „Du hast vergessen, sie mitzunehmen! Sie ist in der Küche."

Ich sprang auf und wir rasten los. Vor der Küche traf ich meinen Bruder Tom. Er legte gerade den Hörer auf.

„Das war die Polizei", sagte er. „Sie hat den unsichtbaren Dieb verhaftet – anscheinend mit eurer Hilfe?"

Ich nickte. *War Tom böse mit uns?*

„Ich bin stolz auf euch! Die Young Explorers haben ganze Arbeit geleistet", sagte er. „Das berichte ich sofort Boris. Wir haben da einen Fall, bei dem wir Hilfe gebrauchen können."

„Aber es gibt noch einen letzten Test",
sagte Tom. „Ihr müsst Omas Halskette
finden. Ich habe sie gerade versteckt",
meinte er und sah uns erwartungsvoll an.
„Diese Hinweise beschreiben das Versteck:

Ich habe …

… keinen Durst, aber nehme Flüssiges auf.

… keinen Deckel, aber du hebst mich hoch.

… keinen Mund, aber du küsst mich gerne."

Wo hat Tom die Halskette versteckt?

Ich fischte die Halskette aus der Tasse.

„Das war schwer", sagte ich.

Tom grinste. „Das war noch gar nichts. Aber jetzt schnell zum Familientag in die Schule. Du willst doch über die Kette berichten."

Jetzt hatte ich wirklich etwas zu erzählen!

Noch mehr begeisterte mich aber, was Tom

gesagt hatte: *Das war noch gar nichts.*

Die Young Explorers waren startklar, und

wollten gleich das nächste Abenteuer!

ENDE
(FÜR HEUTE)

WISSEN FÜR ENTDECKE

Die Mitglieder von Backalley Eins lösen rätselhafte Fälle, alte und neue. Um erfolgreich zu sein, müssen sie viel wissen. Hier findest du eine Auswahl von spannenden Informationen, die mit dem Abenteuer in diesem Buch zu tun haben.

Pssst: Hol dir das Erfolgsabzeichen!

Notiere dir die Buchstaben in den Abzeichen auf den nächsten Seiten. Ordne sie neu, sodass sich zwei Wörter ergeben. Auf timmitobbson.com kannst du das Ergebnis eingeben und dir ein Erfolgsabzeichen herunterladen. Es passt genau auf die erste Seite dieses Buches – und zeigt, dass du alles gelöst hast!

Seit mehr als

dreitausend Jahren

nutzen die Menschen

Tauben, um geheime

Nachrichten zu überbringen.

Dabei wickelt man ein kleines Stück

Papier um das Bein des Vogels.

Dann lässt man die Brieftaube nach

Hause fliegen.

Solche Botschaften haben in der Weltgeschichte über viele Schlachten entschieden.

In letzter Zeit nutzen leider auch Verbrecher Tauben als Überbringer größerer Gegenstände. Zum Beispiel brachte eine Taube ein Handy zu einem Häftling ins Gefängnis.

Einige Vögel picken einfach gerne Futter vom Boden auf, aber einige lieben auch glitzernde Gegenstände und sammeln sie in ihren Nestern. Zu diesen diebischen Vögeln zählen einige Greifvögel wie der Schwarzmilan, aber auch Rabenvögel. Wissenschaftler sagen, dass die Tiere mit den

glitzernden Dingen Artgenossen beeindrucken oder Nesträuber verscheuchen wollen. Natürlich arbeiten Vögel nicht als „Taschendiebe". Aber es gibt ein Mädchen in Seattle, das von den Krähen, die sie füttert, immer wieder „Geschenke" bekommt. Echt wahr!

Wer wünscht sich nicht, manchmal unsichtbar zu sein? Die Idee der Unsichtbarkeit reicht zurück bis zu König Artus, der angeblich einen Tarnmantel besaß. Aber können wir denn auch wirklich unsichtbar werden? Auf der ganzen Welt haben Forscher verschiedene Techniken getestet. Zum Beispiel das Licht um ein Objekt herumzulenken, sodass es den Anschein hat, als wäre da nichts (suche mal nach

„Rochester-Mantel"). Andere arbeiten an einer Hülle oder einem Schild, die das Licht so streuen, dass das Objekt darunter unsichtbar erscheint (suche nach „Unsichtbarkeits-Folie"). Bis heute konnte aber niemand wahre Unsichtbarkeit erreichen.

Wie oft hast du schon Filme gesehen oder Bücher gelesen, in denen jemand hinter einem Bild, einem Schrank oder einer Mauer verschwindet? Klingt erfunden, aber Geheimtüren gibt es wirklich.

Die alten Ägypter waren die Ersten, die Geheimtüren nutzten – schon vor Tausenden von Jahren. In jüngerer Zeit war zum Beispiel Al Capone, der berüchtigte Gangster Chicagos, bekannt für geheime Türen und Gänge in seinem Haus. Mit ihrer Hilfe entkam er der Polizei.

Taschendiebe können sehr kreativ sein, wenn es darum geht, ihren Opfern kleine Gegenstände abzunehmen – und sie brauchen keine Vögel, die ihnen helfen. Sie arbeiten oft in Teams. Ein Partner lenkt das Opfer ab, während ein anderer dessen Taschen leert. Die Geschicktesten können sogar eine Uhr am Handgelenk lösen oder einen Gürtel von der Hose, ohne dass der Besitzer es bemerkt.

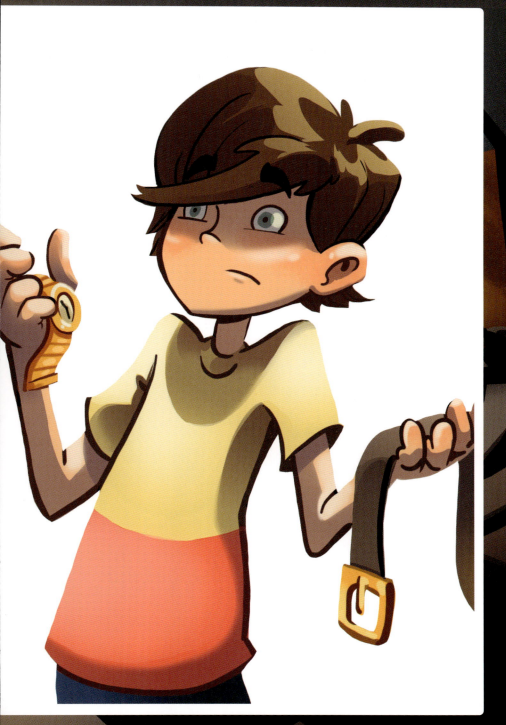

83

Eigentlich bekommen nur Auszubildende das Handbuch von Backalley Eins. Aber jetzt kannst auch du die Tipps darin nutzen!

BACK ALLEY EINS HANDBUCH FÜR ABENTEURER UND DETEKTIVE

DETEKTIV-TIPPS

B

VERDÄCHTIGE BESCHREIBEN

Oft bestimmen die Aussagen von Zeugen, ob ein Fall gelöst wird.

Durch Übung kannst du deine Beobachtungsgabe verbessern! Betrachte deine Familie oder Klassenkameraden. Dann liste so viele sichtbare Merkmale auf, wie du kannst, ohne erneut hinzusehen.

Eine gute Beschreibung kann

enthalten:

- Größe
- Haarfarbe, Frisur
- Augenfarbe
- Hautfarbe
- Kleidung und Schuhe
- Körperbau, Statur
- Brille
- Bart oder Gesichts-
  behaarung
- Tattoos und Narben
- Alter
- Stimme, Dialekt

Diese Liste ist auch hilfreich, wenn

du selbst Zeugen befragst. So

kannst du ihnen helfen, sich besser

an das Geschehen zu erinnern.

Willst du einen kleinen Gegenstand (wie eine Halskette) verstecken, versuche es so:

Du brauchst eine leere Streichholzschachtel und Klebeband. Suche eine gute Stelle, zum Beispiel unter einem Tisch.

Wichtig: Sie sollte auch vor Staubsaugern oder Ähnlichem sicher sein. Nutze ein langes Stück Klebeband, um die Schachtel zu befestigen. Dann prüfe noch einmal, dass sie nicht zu sehen ist.

Es kann sehr schwierig werden, etwas Kleines in einem großen Gebiet zu finden.

Wenn du ein großes Gelände absuchen musst und nicht weißt, wo du suchen sollst, versuche, das Gebiet systematisch im Kreis abzugehen.

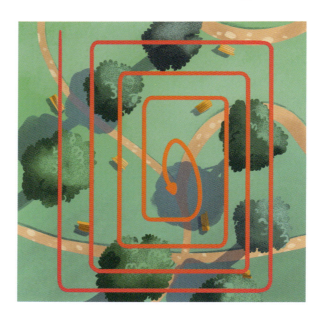

Sobald du einen Kreis komplett abgegangen bist, machst du immer einen Schritt weiter zur Mitte und gehst einen neuen kleineren Kreis ab. Du kannst auch Reihen abgehen. Gehe dazu erst in die eine, dann zurück in die andere Richtung, bis du die ganze Gegend abgesucht hast.

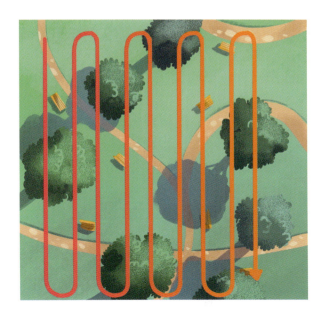

Diebe sind immer auf der Suche nach Gelegenheiten. Um ihnen nicht zum Opfer zu fallen, kannst du Folgendes tun:

- Verstaue deine Wertsachen in einer deiner Vordertaschen. Diebe nähern sich oft von hinten.

- Taschendiebe nähern sich ihren Opfern gerne im Gedränge.

Sei also besonders vorsichtig, wenn um dich herum viele Menschen sind.

- Spricht dich ein Fremder an, achte auf deine Umgebung! Lass dich nicht berühren. Lass dich nicht zu sehr ablenken, sonst kann dich ein Dieb von hinten oder der Seite leicht bestehlen.

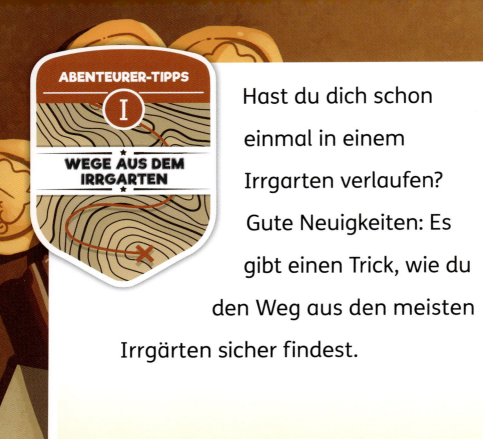

Hast du dich schon einmal in einem Irrgarten verlaufen? Gute Neuigkeiten: Es gibt einen Trick, wie du den Weg aus den meisten Irrgärten sicher findest.

Berühre beim Gehen die Mauer (oder Hecke) mit einer Hand. Nimm die Hand nicht von der Mauer.

Tipp: Markiere deinen Startpunkt! Kommst du zum Ausgangspunkt zurück, musst du es mit einer anderen Wand erneut versuchen.

Pssst: Hier gibt es Lösungstipps!

Kapitel 1
Marvin hat Timmi genau zugehört und so die Bänke ausgeschlossen, die nicht zur Beschreibung passen. Zwei Bänke sind übrig geblieben. Siehst du in der Nähe von einer der beiden Bänke etwas Entscheidendes?

Kapitel 2
Überlege, wie die Frau den Armreif beschrieben hat. Siehst du einen, der genauso aussieht? Suche auch an ungewöhnlichen Stellen.

Kapitel 3
Um den Weg zur Mitte zu finden, kannst du einfach den Irrgarten-Tipp ausprobieren, der auf den Seiten 94 und 95 beschrieben wird. Das dauert eine Weile, führt dich aber zur Mitte.

Kapitel 4
Was deutet in der Küche darauf hin, dass kürzlich jemand hier war? Denk mal an: heiß und kalt!

Kapitel 5
Die Kinder haben etwas bei fünf Dingen verändert. Bei welchen? Achte auch auf den Boden und die Möbel.

Kapitel 6
Als der Mann ins Zimmer kam, fiel Marvin etwas an ihm auf. Welches einzigartige Merkmal hatte der Mann? Was fiel Marvin noch an ihm auf?

Kapitel 7
Schau dir das Bild an. Siehst du einen Gegenstand, zu dem alle drei Hinweise von Tom passen? Hier ist noch ein vierter: „Ich nehme rasch an Gewicht zu und verliere es Schluck für Schluck."